동글동글 알들이 바다에 둥둥 떠다녀요.
작은 물고기가 나타나 알을 꿀꺽꿀꺽.
갑자기 큰 물고기가 나타나더니,
작은 물고기를 꿀꺽꿀꺽.
앗, 큰 물고기 뒤에
더 큰 물고기가 나타났어요.
큰 물고기를 단숨에 꿀꺽꿀꺽.

넓고 넓은 바다에는 누가 살까요?

감수 유정칠

경희대학교 생물학과를 졸업하고, 영국 옥스퍼드대학교에서 동물생태학으로 박사 학위를 받았습니다.
경희대학교 자연사박물관장과 자연박물관협회 상임위원장을 역임하였으며,
현재 경희대학교 생물학과 교수, 국립공원을 지키는 시민의 모임 대표로 활동하고 있습니다.
저서로는 〈한강에서 만나는 새와 물고기〉, 〈수리〉, 〈곰은 잘 먹어〉, 〈밤에 다니는 올빼미〉,
〈고양이는 재주가 많아〉 등이 있고 번역서로는 〈움직여 봐!〉, 〈조류대도감〉 등이 있습니다.

글 꿈꾸는 초록이

자연과학을 전공한 과학 전문 출판인들의 모임입니다.
오랜 세월 녹색 환경과 생태에 관심을 가지고 많은 자연과학 및 생태 관련 서적을 출판하였으며
오늘도 어린이들에게 자연의 아름다움과 꿈을 키워 주기 위해 노력하고 있습니다.

글 최수복

전남대학교 불어불문학과를 졸업하고 현재 동화 작가로 활동하고 있습니다.
2007년 〈하늘나라 채소밭〉으로 창작동화 공모에서 상을 수상했으며 현재 〈녹색환경〉에 창작동화를
지속적으로 발표하고 있습니다.
저서로는 〈도시락이 똥이래요〉, 〈소나무〉, 〈고래가 되고 싶은 삼나무〉 등 많은 작품이 있습니다.

+UP 자연속으로 바다에 사는 동물

감수| 유정칠 **글**| 꿈꾸는 초록이 · 최수복 **그림**| 이미정 · 홍성지 · 조성헌 · 원성현
펴낸이| 최학용 **펴낸곳**| 키즈탄탄 주식회사 **출판등록**| 제2022-000051호
주소| 서울특별시 금천구 가산디지털1로 30, 901호 **TEL**| 031-341-1025
홈페이지| www.tantani.com
편집 책임| 이정순 **편집**| 김미연 · 정진미 · 이수정 · 이주연 · 박지은 · 강효임 · 오유리 **교정**| 박사례
디자인| 천현정 · 강경진 · 왕효수 · 명희경 · 한옥현 · 전경숙 **조판**| 민정희 **포토 리서치**| 김미영 시몽포토에이전시

사진제공
유로크레온 · 이미지코리아 · 타임스페이스 · 토픽포토에이전시 · 녹동태양낚시 · 장호어촌체험마을 · fotolia ·
Getty Images/멀티비츠 · Image Korea · The Bridgeman Art Library/멀티비츠

키즈탄탄 주식회사는 어린이 그림동화 전문 출판사입니다. 이 책은 저작권법에 따라 보호받는 저작물이므로,
이 책의 전부 또는 일부를 무단으로 복사, 복제, 배포하거나 전산장치에 저장할 수 없습니다.
책 모서리가 날카롭고 무거워 다칠 수 있으니 사람을 향해 던지거나 떨어뜨리지 마십시오. 책이 변색되거나 뒤틀릴 수 있으므로 보관 시 직사광선이나 습기 찬 곳은 피해 주십시오.
··
ISBN 979-11-93042-34-2　ISBN 979-11-982571-0-9 74400 (세트)

바다에 사는 동물

감수 유정칠 | 글 꿈꾸는 초록이 · 최수복

여원키즈탄탄

바닷속에는 누가 누가 살까요?

"바닷속으로 들어가 볼까? 햇빛이 환히 비치네!"
"아니야, 더 들어와 봐. 햇빛이 전혀 없는걸."
바다 깊은 곳은 아주 깜깜해요. 아주 밝지도 환한 바닷속에도 깜깜한 바닷속에도 모두 동물들이 살아요.

많은 생명이 모여 사는 바다 우주에서 지구를 가만히 보면 거의 물로 이루어져 있는 것처럼 파랗게 보여요. 그래서 지구를 '물의 별'이라고 불러요. 이처럼 넓은 바다에는 땅에 사는 생물보다 훨씬 많은 수의 생물이 서로 어울려 살고 있답니다.

무리를 지어 다니는 줄전갱이

몸집이 작은 줄전갱이들은 꾀를 내요.
"우린 힘이 약하니까 바다에서 뭉쳐 다니자!"
"맞아, 그러면 아주 커다란 물고기처럼 보일 거야."
줄전갱이 일만 마리가 우르르 몰려 떼지어 몰려 다니네요.

먹이를 찾아 이동하는 줄전갱이 줄전갱이는 낮 동안에는 낮 주변에서 암초 주변에서 산호초나 암초 주변에 모여 있다가, 밤이 되면 먹이를 찾기 위해 흩어져 빠르게 헤엄쳐요.

소용돌이 모양으로 무리를 만드는 줄전갱이 무리를 이룬 줄전갱이들은 마치 한 마리가 움직이는 것처럼 다 함께 이동을 해요. 보통 황새치나 참치류 등은 이 무리의 가운데를 지나가며 무리를 흩어지게 한 다음 잡아먹어요.

낚시하는 물고기 씬벵이

씬벵이는 촉수에 미끼를 달고 물고기를 달랑달랑 꾀어요.
"흐흐. 물고기야, 이리 오렴."
물고기가 미끼를 먹으려고 확 달려들자, 입으로 쏘옥.
"냠냠. 물고기가 참 맛있군."

먹잇감을 기다리는 씬벵이 촉수에 매달린 미끼를 보고 먹잇감이 다가오면 순식간에 입을 벌려 잡아먹어요. 씬벵이는 자기 몸의 3분의 2나 되는 큰 먹잇감도 잡아먹을 만큼 입을 크게 벌릴 수 있어요.

바닥을 걷는 씬벵이 가슴지느러미를 발처럼 이용하여 어슬렁거리며 걸어 다녀요.

산호초 속에 숨은 씬벵이 산호초에 울퉁불퉁한 몸을 숨기면 찾기 힘들어요. 몸의 모양뿐 아니라 색깔도 산호초처럼 보이기 때문이지요.

씬벵이가 걸어 다닐 때 발처럼 이용하는 지느러미는 무엇인가요?
(정답은 45쪽에 있습니다.)

산호초에 숨어 사는 곰치 낮에는 산호초에 숨어 지내다가 주로 밤에 나와 사냥을 해요. 먹잇감이 나타나면 갑자기 확 튀어나와 잡아먹지요.

꼭꼭 숨어서 사냥하는 곰치

곰치는 밤마다 산호초에 숨어 먹이를 기다리고 기다려요.
"흐흐. 드디어 먹잇감이 다가오는군."
물고기가 나타나자 산호초 속에서 톡 튀어나오더니 꿀꺽 잡아먹어요.
곰치는 산호초에 사는 문어도 잘 잡아먹어요.

상식 톡톡

곰치와 사이좋게 지내는 동물이 있을까요?!
곰치는 성질이 사납지만 청소새우와는 사이좋게 잘 지내요. 곰치가 맛있게 식사를 하면 청소새우가 와서 입안을 깨끗이 청소해 주고 영양분을 얻어요. 한쪽은 몸을 깨끗이 할 수 있어 좋고, 또 다른 한쪽은 영양분을 얻어서 좋은 것이지요. 이런 관계를 '공생'이라고 해요.

물고기를 잡아먹는 곰치. 곰치는 입안에 또 하나의 입을 숨기고 있어요. 먼저 입 쪽에 있는 턱으로 먹이를 강하게 물고, 목 안쪽에서 두 번째 턱이 튀어나와 먹이를 잡아서 목구멍으로 끌고 들어가요.

찌리릭 전기를 만드는 전기가오리

"아이, 배고파!" 전기가오리가 모래 속에 몸을 숨긴 채 먹잇감이 다가오기를 기다려요.
먹잇감이 가까이 다가오면 전기를 만들어서 먹잇감의 몸에 통하게 해요.
"찌리릭찌리릭! 전기 맛 좀 볼래?" 전기를 흐르게 하면 먹잇감은 꼼짝도 못해요.
먹이를 먹은 전기가오리는 납작한 몸을 움직여 바닥을 천천히 헤엄쳐 다녀요.

모래 속에 몸을 숨긴 전기가오리 모래를 파고 그 속에 들어가 먹잇감을 기다리기도 해요.

몸을 숨기는 파랑점가오리 바다 밑바닥에 몸을 숨기고 있는 파랑점가오리예요. 이 가오리는 전기를 만들지 못해요.

먹이를 찾아 헤엄치는 전기가오리 바닥에서 천천히 움직이면서 생활하며, 작은 물고기가 지나가면 잽싸게 전기를 일으켜 감전시킨 뒤 잡아먹어요. 큰 가오리가 내는 전기 충격은 어른을 쓰러뜨릴 정도로 아주 강해요. 하지만 만지거나 밟지 않으면 괜찮아요.

몸 색깔을 맘대로 바꾸는 가자미

가자미는 가오리가 가까이 오는 것을 눈치챘어요.
"가오리에게 잡아먹히겠군. 변해라. 얍!"
가자미가 감쪽같이 모래 색깔로 몸 색깔을 바꾸어요.
바위 위에서는 순식간에 바위 색깔로 몸 색깔을 바꾸어요.

한쪽으로 몰려 있는 판가자미의 눈 가자미는 아래쪽이 흰색이고 위쪽이 어두운 색을 가지고 있어요. 어려서는 눈이 양쪽에 있지만, 자라면서 한쪽 눈이 머리 위로 이동하여 한쪽으로 모여요.

바다 밑바닥에서 헤엄치는 판가자미 가자미는 몸이 넓적해요. 몸속에 부레가 없어 물 위에 떠 있는 것이 어렵기 때문에 거의 헤엄을 치지 않아요. 먹이를 사냥할 때만 잠깐 헤엄을 치고는 대개는 바다 밑바닥에 가만히 누워 지내지요.

몸 색깔을 맘대로 바꾸는 판가자미 가자미는 모래 바닥에서는 모래 색깔로, 진흙 바닥에서는 진흙 색깔로 몸 색깔을 바꿀 수 있어요. 몸 색깔뿐 아니라 주위 환경과 비슷하게 몸의 무늬도 바꿀 수 있어요. 그래야 가자미를 노리는 적을 속일 수 있지요.

알에서 오징어가 쏘옥!

하얀 알들이 바위틈에서 꿈틀꿈틀 움직여요.
"톡톡톡톡, 쏘옥쏘옥!"
알 주머니를 찢고 알록달록한 아기 오징어들이 나와요.
"야호, 넓은 바다야!" 아기 오징어들이 힘차게 헤엄쳐요.

오징어알 엄마 오징어는 한 번에 30만 개나 되는 많은 알을 낳고 대부분 그 자리에서 죽어요. 알들은 투명하고 젤리 같은 알 주머니에 싸여 있어요.

알에서 깬 갑오징어 새끼 알을 낳고 5일이 지나면 아기 오징어들이 알을 깨고 나와요. 알록달록한 점은 색소인데, 이것을 변화시켜 몸 색깔을 바꿔요.

알에서 깨어 헤엄치는 살오징어 새끼 엄마 없이도 아기 오징어들은 넓은 바다에서 잘 자라요. 한 달만 지나도 자신을 지킬 수 있을 만큼 자라지요. 1년쯤 자라면 엄마가 그랬던 것처럼 알을 낳고 죽는답니다.

가짜 눈을 달고 다니는 나비고기

"어, 저 물고기는 눈이 뒤에도 달려 있어요."
"난 나비고기야. 꼬리에 눈처럼 보이는 까만 점이 있지.
적이 머리로 착각하고 꽉 물어도 크게 다치지 않고 도망칠 수 있어."
나비고기의 꼬리에 있는 점은 적을 속이기 위한 가짜 눈이에요.

가짜 눈을 달고 다니는 나비고기
가슴지느러미가 유난히 커서, 펼치면
나비 날개처럼 보여 나비고기라는
이름이 붙었어요. 꼬리에 커다란
검은 점이 있어요.

여럿이 무리를 지어 다니는 나비고기 나비고기는 여럿이 무리를 지어 다녀서 적의 공격이나 위험을 피하기 쉬워요. 꼬리에 난 검은 점을 눈인 줄 알고 적이 공격해도 큰 상처를 입지 않아요.

엄마랑 퀴즈랑

나비고기의 꼬리에 난 검은 점은 무엇처럼 생겼나요?
(정답은 45쪽에 있습니다.)

가시 옷을 입은 가시복

가시복은 적을 만나면 온몸을 공처럼 팡팡 부풀려요.
"가시야 솟아라. 마구 솟아라!"
그러자 온몸이 뾰족뾰족 가시 옷으로 변해요.
"흐흐, 내 가시 맛 좀 볼래?" 적들은 깜짝 놀라 달아나요.

보통 때의 가시복 보통 때는 단단하고 긴 가시를 접고 있어요. 이 가시는 비늘이 변한 거예요.

꺼끌복 이 물고기의 몸에는 뾰족한 가시가 많이 나 있어요.

몸을 공처럼 부풀린 가시복 적의 공격을 받으면 물을 들이마셔 몸을 공처럼 부풀리고 가시를 세워서 적을 쫓아내요.

독을 품고 있는 쏠배감펭

쏠배감펭은 팔랑팔랑 멋진 지느러미를 가졌어요.
"멋진 지느러미라고? 아니야 무서운 무기야."
지느러미에는 무서운 독이 든 가시가 있어요.
이 독가시에 찔리면 정신을 잃고 말아요.

멋진 지느러미를 가진 쏠배감펭 쏠배감펭은 누군가 공격해 오면 지느러미를 부채처럼 활짝 펼쳐서 한입에 삼키기 어려운 모양으로 변신을 해요. 또 등지느러미의 가시에는 독이 있어서 사람도 찔리면 정신을 잃을 정도예요.

상식 톡톡

몸에 무시무시한 독가시가 있는 물고기에는 무엇이 있을까요? | 쑤기미, 노랑가오리 등이 있어요. 이들은 평상시에는 모래 바닥이나 바위가 많은 바닥에 숨어 있다가 위험이 닥치면 독가시로 공격해요.

게에게 다가가는 쏠배감펭 낮에는 꼼짝 않고 꼭꼭 숨어 있다가 밤이 되면 먹이를 찾아 슬슬 돌아다녀요. 쏠배감펭은 작은 물고기나 게, 새우 등을 잡아먹어요.

먹을 것을 선물하는 해삼

불가사리가 해삼을 잡아먹으려고 하자, 해삼이 꾀를 내요.
"불가사리야, 나 대신에 이걸 먹으렴!"
해삼은 국수처럼 생긴 것을 토하고는 얼른 달아나요.
"헤헤! 불가사리야, 끈적거리지? 빠져나올 수 없을걸."

불가사리에게 잡힌 해삼 흙 속의 작은 생물을 먹고 사는 해삼에게 불가사리는 무서운 천적이에요.

해삼의 몸을 들락거리는 물고기 숨이고기는 해삼의 몸을 들락거리며 큰 물고기로부터 자신의 몸을 지켜요. 해삼은 숨이고기의 활동을 통해 깨끗한 물과 공기를 공급받아요.

해삼의 항문에 사는 숨이고기 해삼의 항문 속을 들락거리는 물고기예요.

하얀 관을 토하는 해삼 해삼은 적을 만나면 국수 면발처럼 생긴 것을 토해 내요. 이것은 굉장히 끈적거려 적을 꼼짝 못하게 하지요.

말을 닮은 물고기, 해마

아기 해마가 아빠 배 주머니 속에서 깨어 나왔어요.
"아빠, 안녕!" 아기 해마는 몸을 세우고 둥둥 떠다녀요.
적이 나타나면 산호초 사이에 재빨리 몸을 숨기고
잠이 오면 해초 줄기에 꼬리를 감고 자요.

수컷 해마의 몸속에서 깨는 새끼 암컷 해마는 수컷 해마의 배 주머니에 알을 낳아요. 그래서 아기 해마는 수컷 몸에서 깨지요.

산호 속에 숨은 해마 해마는 적으로부터 몸을 보호하기 위해 몸의 색깔과 무늬를 주위와 비슷하게 바꾸는 재주가 있어요.

잠을 자는 해마 해마는 잠이 오면 해초 줄기에 꼬리를 감고 자거나, 헤엄치지 않고 둥둥 떠다녀요.

엄마랑 퀴즈랑

아기 해마는 암컷과 수컷 중 누구의 몸에서 깨나요?
(정답은 45쪽에 있습니다.)

깊은 바다에 사는 펠리컨장어

펠리컨장어는 깊은 바닷속에 살아요. 빛이 들어오지 않아 아주 깜깜한 곳이지요.
"아무리 큰 먹이라도 한입에 꿀꺽 먹을 수 있어. 난 한번 문 먹이는 절대 놓치지 않아."
펠리컨장어처럼 깊은 바다에 사는 물고기는 대개 입이 크고 사나워요.

입이 커다란 펠리컨장어 머리의 대부분이 입이고, 입 안쪽에는 휘어진 이빨이 촘촘히 나 있어요. 입을 크게 벌릴 수 있어 자기보다 훨씬 큰 먹이도 삼킬 수 있어요.

바다로 가요!

바다

바닷물은 지구 전체 표면의 약 4분의 3을 덮고 있어요. 우리가 사는 육지는 고작 4분의 1밖에 안 돼요. 따라서 바다는 육지보다 훨씬 더 넓어요. 이 넓은 바다에서 아주 많은 종류의 동물이 살아요. 생김새도 다양하고, 생활 모습도 조금씩 다르지요. 동물들은 서로 싸우기도 하지만 때로는 서로 돕기도 해요.

바다 밑의 땅 모양은 어떻게 생겼을까요?

우리가 살고 있는 육지의 모양은 울퉁불퉁해요. 높은 산이 있는가 하면 움푹 파인 계곡, 낮고 편평한 평야도 있어요. 깊고 깊은 바다 밑바닥은 어떻게 생겼을까요? 궁금하지만 바닷물로 덮여 있어 눈으로 확인하는 게 쉽지 않아요. 과연 땅처럼 울퉁불퉁하게 생겼을까요, 편평하게 생겼을까요?

고기를 잡는 모습 사람들은 아주 오래전부터 대륙붕에서 고기를 비롯해 조개류, 바닷말 등을 얻었어요.

해산 화산이 폭발할 때 생긴 산이에요. 해산의 봉우리는 보통 뾰족하고 봉우리가 해수면 위까지 솟아 나온 것도 있어요. 해산 중에는 봉우리가 평탄한 것도 있는데, 이를 평정해산 또는 기요라고 해요.

대륙붕 해안가에서 바다 쪽으로 150~200미터 떨어진 곳으로 경사가 매우 완만한 지역이에요. 많은 바다 생물이 모여 살고 석유, 천연가스 등이 묻혀 있어요.

대륙 사면 대륙붕에서 바다 쪽으로 약 2,500미터 들어간 지역으로 대륙붕보다 경사가 가파른 편이에요.

해령(해저 산맥) 심해저 평원이 높게 일어나 산맥처럼 된 곳이에요.

바닷속에 묻힌 자원 찾기 대륙붕에는 석유, 천연가스 같은 자원이 풍부해 많은 나라에서 대륙붕 개발에 노력을 기울이고 있어요.

바다 밑의 땅 모양은 바다의 깊이를 재어 알 수 있어요. 얕은 바다의 경우는 직접 사람이 잠수를 하거나 잠수정을 이용하여 알아볼 수 있어요. 하지만 수심이 깊은 경우에는 이 방법보다는 초음파를 이용한답니다. 배에서 초음파를 보내어 바다 밑바닥에 부딪쳐 되돌아올 때까지 걸린 시간으로 깊이를 구하는 방법이지요. 이와 같은 방법으로 바다의 깊이를 잰 결과 바다 밑에도 육지처럼 산과 골짜기, 산맥 등이 있음이 밝혀졌어요. 이처럼 바다 밑 땅의 모양이 다양한 것은 육지에서 흙이 끊임없이 바닷속으로 흘러 들어와 쌓여 새로운 땅이 생기기 때문이에요.

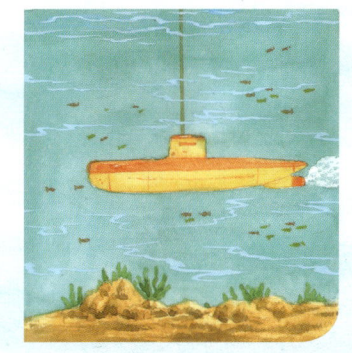 

➡ **바다의 깊이 재기** 잠수정으로 바다의 깊이를 재거나, 초음파를 발사하여 되돌아오는 시간을 재어 알 수 있어요.

바다에서 가장 깊은 곳은 어디인가요?

지구에는 일본 해구, 마리아나 해구 등 약 30개의 해구가 있어요. 이 중에서 지금까지 찾아낸 가장 깊은 곳은 태평양에 있는 마리아나 해구예요. 깊이가 무려 11,033미터나 된다고 해요.

깊은 바닷속을 탐험하는 심해 잠수정 바다 깊이 잠수하여 바닷속의 모습을 볼 수 있게 해 주어요.

심해저 평원 끝없이 넓고 평탄한 지형으로 바다 밑바닥의 절반 정도가 심해저 평원이에요.

해구 깊이 6,000미터가 넘는 긴 골짜기 형태의 바다 밑 지형을 말해요. 이 지역에서는 화산 활동이 활발하게 일어나요. 해구 중에서 특히 깊고 폭이 좁은 곳을 해연이라고 해요.

어촌 체험 마을을 찾아 출발!

바다에는 땅에 사는 동물보다도 훨씬 더 많은 종류의 동물이 살아요.
이 동물들이 사는 모습을 실제로 들여다볼 수 있다면 무척 신기하겠지요? 마침 강원도 삼척시의
장호 마을에서 초대장이 왔어요. '우리 마을에 오면 신비한 바닷속 세상을 볼 수 있어요.'라고 쓰여 있어요.
두근두근 가슴이 설레요. 바닷속 모습을 구경하러 출발해 볼까요?

장호 마을은 아름다운 항구와 기암절벽이 조화를 이루는 마을이에요. 바닷물이 깨끗해 싱싱한 해산물이 많이 나는 곳이지요. 맑고 깨끗한 바닷속을 관찰하고, 해산물도 잡는 여러 가지 체험을 즐길 수 있어요.

➡ **장호 마을** '한국의 나폴리'라고 불리는 동해안의 어촌 마을이에요. 물 위로 솟은 여러 가지 모양의 아름다운 바위와 맑고 깨끗한 바닷물을 볼 수 있어요. 얕은 바닷가 바위에서는 게와 고둥을 잡을 수 있어요.

　물에 들어가지 않고도 배 안에서 바닷속을 볼 수 있는, 투명 카누 체험을 할 수 있어요. 투명 카누를 타고 배 밑을 들여다보면 물속을 지나다니는 여러 종류의 물고기들과 해산물을 직접 볼 수 있어요. 또한, 배 위에서 창경을 통해 바닷속을 관찰하고 뜰채로 성게, 해삼, 고둥, 미역, 문어 등을 잡는 창경바리 체험도 할 수 있지요. 물속에 풍덩 뛰어들어 직접 물속을 관찰하는 스노클링 체험도 재미있어요. 손에 잡힐 듯 가까이서 노는 물고기들을 만나 볼 수 있답니다. 미리 통발을 던져 놓은 뒤 다음 날 건져서 소라, 해삼, 고둥, 놀래미 등을 잡는 통발 체험도 있어요. 우리의 전통 어업 방식을 체험할 수 있고, 바다에 사는 다양한 종류의 동물도 볼 수 있지요. 물론 싱싱한 해산물을 먹어 볼 수 있어 더욱 좋고요. 이 밖에도 가족과 함께 즐기고, 어촌 마을을 체험할 수 있는 다양한 행사가 있어요.

➡ **투명 카누 체험** 전체가 투명한 유리 카누를 타고, 바닷속을 구경해요. 아름다운 해안의 모습도 감상할 수 있어요.

➡ **창경바리 체험** 밑바닥을 투명 유리로 만든 사각형의 창경바리와 갈고리, 뜰채를 사용해 바닷속을 들여다보며 해산물을 채취해요.

➡ **스노클링 체험** 수경과 호흡할 수 있는 대롱만 있으면 아름다운 바닷속을 감상할 수 있어요.

➡ **통발 체험** 통발을 사용하여 해산물을 잡는 우리의 전통 어업 방식을 체험할 수 있어요.

미술 작품 속에 나타난 바다에 사는 동물

드넓은 바다에는 우리 눈에 보이지 않을 정도로 작은 생물에서부터 흰긴수염고래처럼 덩치가 큰 동물에 이르기까지 아주 많은 동물이 살아요. 지금은 과학의 발달로 깊은 바닷속의 모습까지도 알 수 있어요. 하지만 아주 먼 옛날에는 바다에 대해 알려진 것이 거의 없어서 바닷속에 괴물이 살고 있다고 생각하기도 했어요. 사람들의 이러한 생각이 미술 작품 속에 어떻게 표현되었는지 알아보고, 바다에 사는 동물의 모습이 표현된 미술 작품을 찾아보기로 해요.

바다에 사는 상상의 동물, 인어

사람들이 바다에 살고 있다고 생각한 괴물 중 우리에게 가장 잘 알려진 것이 바로 인어예요. 몸의 절반은 사람이고 나머지 절반은 물고기 모양을 하고 있다고 여겼지요. 독일에 전해 내려오는 전설에 따르면 인어는 긴 머리를 늘어뜨린 아가씨 모습이에요. 긴 머리를 황금 빗으로 빗으면서 노래를 부르면 뱃사공이 홀려 배를 바위에 부딪혔다고 해요. 중국에서도 인어를 아름다운 아가씨로 생각하였어요. 하지만 바빌로니아에서는 남자를 물의 신으로 생각하였대요.

➡ **이라크에서 발견된 인어**
물의 신인 에어로 남자의 모습을 하고 있어요.

➡ **로렐라이 언덕의 인어 조각**
머리가 긴 아름다운 아가씨로 표현하였어요.

장 바티스트 시메옹 샤르댕의 〈붉은 가오리〉

샤르댕은 18세기 프랑스의 정물·풍속화가예요. 정물 중에서도 부엌 용구, 채소, 과일, 생선, 담배 기구 등을 잘 그렸어요. 또 서민 가정의 일상 생활도 평화롭게 잘 그렸지요. 작품으로는 〈빵이 있는 정물〉, 〈병이 있는 정물〉, 〈비눗방울을 만드는 소년〉, 〈편지를 봉하는 부인〉 등이 있어요. 〈붉은 가오리〉는 샤르댕의 대표 작품 중 하나예요. 붉은 피가 배어 나오는 가오리의 생생함과 꼬리를 살짝 올린 고양이의 익살스러운 모습이 잘 나타나 있어요. 또 주위의 정물에서는 생명력이 느껴져요.

➜ 1728년에 그린 유화 작품이에요. 이 작품은 음식을 준비하는 과정을 묘사한 거예요. 주방 벽 고리에 가오리가 걸려 있고, 가오리 옆에는 청동으로 된 큰 냄비가 세워져 있어요. 식탁 위에는 금방이라도 튀어 나갈 것 같은 고양이가 있고요.

생활용품 속에 나타난 바다에 사는 동물

사람들은 아주 오래전부터 바다에서 물고기, 조개류, 바닷말 등의 먹을거리를 구하였어요. 동물의 뼈나 단단한 껍데기로는 장식품이나 생활용품을 만들어 썼어요. 또 동물의 모양을 본떠서 생활용품을 장식하기도 했지요.

➜ **물고기 장식품** 2~3세기경에 만들어진 물고기 모양의 장식품으로 청동에 에나멜을 입혀 만들었어요.

➜ **금반지** 아프리카 가나에서 발견된 금반지로 불가사리 모양을 본떠서 만들었어요.

➜ **국자** 4세기경 로마에서 만든 국자예요. 손잡이 부분을 물고기 모양으로 만들었어요.

➜ **장식품** 해마 모양을 만든 금속 장식품이에요.

왜 바닷물고기를 민물에 넣으면 죽을까요?

바닷물고기의 몸속에 들어 있는 소금기는 민물보다 많아요. 그래서 바닷물고기를 민물에 넣으면 소금기가 거의 없는 민물이 물고기의 몸속과 농도를 맞추기 위해 몸속으로 자꾸 들어가 결국은 세포가 터져서 죽어요. 반대로 민물고기를 바닷물에 넣으면 물고기의 몸속에 있는 물이 바닷물과 농도를 맞추기 위해 자꾸만 밖으로 빠져나가 몸에 있는 세포가 쪼그라들어 죽게 돼요.

물고기는 어떻게 잠을 자나요?

물고기는 대개 눈꺼풀이 없기 때문에 눈을 감을 수 없어요. 그래서 잠을 잘 때도 두 눈을 동그랗게 뜨고 자요. 잠을 자는 동안 적의 공격을 피하기 위해 모두들 몸을 꼭꼭 숨기고 잔답니다. 많은 물고기가 산호초나 바위틈에 몸을 숨기고 자요. 산호초에 사는 앵무고기는 특이하게도 끈끈한 액체를 뿜어서 온몸을 감싼 채 잠을 자요. 산호의 독침으로부터 몸을 보호하고 자는 동안 나쁜 세균으로부터 몸을 지키기 위해서지요. 쥐치는 입으로 산호나 해초의 줄기를 물어 몸을 지탱한 채 잠을 자요. 정말 재미있지요? 넙치나 가오리 등은 모래 속에 몸을 숨긴 채 잠을 자고요. 하지만 독가시치처럼 자는 동안에도 몸을 당당히 드러내 놓고 자는 물고기도 있어요. 등지느러미의 독가시를 바짝 세운 채 잠을 자기 때문에 다른 물고기들이 무서워서 다가오지 못하거든요.

상어와 맞먹을 만큼 커다란 물고기가 있다는데 정말인가요?

'전설의 물고기'라고 불리는 돗돔이 바로 그 주인공이에요. 돗돔은 몸길이가 2미터에 몸무게가 최고 280킬로그램까지 나가는 아주 커다란 물고기예요. 몸집도 엄청나지만 힘도 무지 세서 바다의 무법자 상어를 상대할 정도랍니다. 왜 돗돔을 '전설의 물고기'라고 부를까요? 상어랑 맞설 정도로 무시무시한 물고기라서 붙은 별명이 아니에요. 돗돔은 아주 깊은 바다에서 살기 때문에 좀처럼 그 모습을 볼 수 없어요. 하지만 알을 낳을 시기인 5~7월 사이가 되면 얕은 바다로 올라와요. 알을 낳고는 다시 깊은 바다로 돌아가는데, 이때 낚싯줄이나 어선의 그물에 걸려 잡히기도 해요. 돗돔은 무서운 괴물처럼 생겼답니다. 500원짜리 동전만 한 동그란 눈, 엄지손가락만큼 커다란 비늘, 삼지창처럼 날카로운 등지느러미를 가졌어요. 맛이 아주 좋지만 일 년에 몇 마리 잡히지 않아요.

날치는 어떻게 바다 위를 나는 것일까요?

날치는 물속에서 헤엄을 치다가 물 위로 솟구쳐 날 수 있어요. 물속에서는 커다란 지느러미를 접어 몸에 붙이고 다른 물고기처럼 헤엄을 쳐요. 하지만 위험을 느끼면 물 위로 뛰어올라 커다란 지느러미를 쫙 펼치고 날아요. 보통은 물 표면에 닿을 정도로 날지만 2~3미터 정도로 높게 날기도 해요. 꼬리지느러미로 방향을 조절하며 날기도 하는데, 300~400미터까지 날 수도 있어요. 하지만 숨을 쉬기 위해서는 다시 물속으로 돌아와야만 해요. 물고기는 물속에서 아가미로 산소를 얻기 때문이지요.

암컷 줄도화돔은 어디에 알을 낳을까요?

물고기들은 보통 물속에 알을 낳아요. 하지만 줄도화돔은 수컷의 입안에 알을 낳아요. 수컷은 아무것도 먹지 못하고 새끼가 깰 때까지 알을 품고 다녀요. 다른 동물로부터 자기의 새끼를 지키기 위해서지요. 알에서 새끼가 깰 때면 수컷은 입을 벌려 새끼를 바깥으로 내보내요. 그런 뒤 그동안 못 먹었던 먹이를 잔뜩 먹어요. 열동가리돔, 먹얼게비늘도 줄도화돔처럼 수컷이 입안에서 알을 부화시킨답니다.

마른 오징어는 왜 가로로 잘 찢어질까요?

마른 오징어를 찢어 보면 세로로는 잘 찢기지 않아요. 왜 가로로 잘 찢어질까요? 그것은 둥근 가로 근육이 길게 세로로 뻗은 근육보다 훨씬 발달하였기 때문이에요. 오징어는 지느러미와 다리를 살랑거리면서 몸의 균형을 맞춰요. 하지만 빠르게 움직일 때는 물을 들이마셨다 내뿜으며 잽싸게 이동하지요. 빠르게 움직이기 위해서는 몸통을 재빨리 오그려서 몸속의 물을 깔때기처럼 생긴 구멍(누두)으로 뿜어내야 하거든요. 빨리 움직여서 다른 동물에게 잡아먹히지 않기 위해 몸통을 오므리는 근육이 더욱 발달했지요.

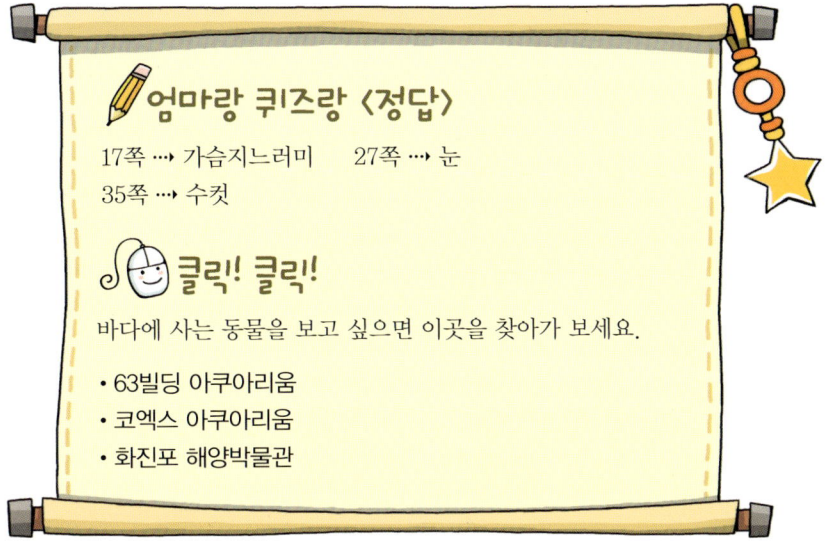

엄마랑 퀴즈랑 〈정답〉

17쪽 → 가슴지느러미 27쪽 → 눈
35쪽 → 수컷

클릭! 클릭!

바다에 사는 동물을 보고 싶으면 이곳을 찾아가 보세요.

- 63빌딩 아쿠아리움
- 코엑스 아쿠아리움
- 화진포 해양박물관